ARTE PRIMITIVA CRISTÃ

Arte na Idade Média

1ª edição, 2013

TEXTO ADEQUADO ÀS REGRAS DO NOVO ACORDO ORTOGRÁFICO DA LÍNGUA PORTUGUESA

Coordenação editorial: Miriam Gabbai
Revisão: Aline T.K.M. e Ricardo N. Barreiros
Ilustração: Marco Antonio Godoy
Projeto gráfico e diagramação: Thiago Nieri
Crédito das imagens: Dreamstime (capa e p. 27); Domínio público (pp. 8, 11, 16, 17, 18, 21 e 24); iStockphoto (p. 13); THE BRIDGEMAN ART LIBRARY / KEYSTONE BRASIL (p. 19); DIOMEDIA/Ivy Close Images/Alamy (p. 20); DIOMEDIA/Alinari/Alinari, Fratelli (p. 23); Gettyimages (p. 29); Arquivo pessoal (pp. 30 e 31).

CIP-BRASIL. CATALOGAÇÃO-NA-FONTE
SINDICATO NACIONAL DOS EDITORES DE LIVROS, RJ

L579a

Lemos, Sueli
Arte primitiva cristã / Sueli Lemos, Edna Ande ; ilustrações Marco Antonio Godoy. - 1. ed. -
São Paulo : Instituto Callis, 2013.
32 p. : il. ; 25 cm. (Arte na idade média ; 1)

Inclui bibliografia
Sumário
ISBN 978-85-98750-81-1

1. Arte - Idade Média - História. I. Ande, Edna. II. Título. III. Série.

13-02874 CDD: 709
CDU: 7(09)

10/07/2013 10/07/2013

ISBN 978-85-98750-81-1

Impresso no Brasil

2013
Distribuição exclusiva de Callis Editora Ltda.
Rua Oscar Freire, 379, 6º andar • 01426-001 • São Paulo • SP
Tel.: (11) 3068-5600 • Fax: (11) 3088-3133
www.callis.com.br • vendas@callis.com.br

Sueli Lemos e Edna Ande

Arte na Idade Média

ARTE PRIMITIVA CRISTÃ

callis

Sumário

Apresentação 7

Introdução 9

Arte primitiva cristã 10

Novos caminhos da arte 10

Catacumbas 12

No silêncio das catacumbas, a fé proibida 12

Por que os cristãos de Roma escavaram suas catacumbas? 14

Características das catacumbas 14

A evolução das catacumbas 15

As pinturas nas catacumbas 16

A função da arte primitiva cristã 18

Simbolismo cristão 21

Jesus Cristo, Filho de Deus Salvador 22

Esculturas 23

Os relevos narrativos 24

Basílicas 25

As primeiras basílicas paleocristãs 25

Decoração interna das basílicas 26

Recentes descobertas arqueológicas 28

As pinturas mais antigas dos apóstolos de Jesus 28

Algo a mais – Saint-Denis, uma lenda cristã 30

Bibliografia 32

Apresentação

A Idade Média é um período de difícil definição, pois está situada entre a nostalgia da Idade Antiga e o orgulho da Idade Moderna.

A arte na Idade Média será mostrada dentro de um contexto histórico. Não aquele que muitos historiadores dizem ser a idade das trevas, mas, sim, um período de mudanças sociais e riquezas artísticas que nos levarão a perceber como as obras de arte influenciaram a sociedade dessa época.

Mostraremos como os povos desse período adaptaram novos métodos de arte às suas necessidades religiosas, já que a religião era o refúgio dos oprimidos.

Compararemos as diferenças que a arte apresenta em mil anos de Idade Média. Escolhemos esse caminho para estimular o leitor a pensar na importância da arte desse período dentro da história universal, percebendo e realizando as leituras das imagens por uma via de fácil entendimento.

Assim como fizemos na coleção "Arte na Idade Antiga", ler imagens continua sendo nosso objetivo. Seus significados, relacionados a sentimentos, pensamentos e percepções, desencadeiam discussões por meio de olhares distintos.

Também, não nos esqueçamos de que os artistas são grandes comunicadores por meio do visual; não necessitam das palavras, pois a iconografia é imediatista, muito rica e nos faz viajar.

Convidamos o leitor a nos acompanhar nesta viagem pela Idade Média e a decifrar os códigos de uma época tão misteriosa!

As autoras

A imagem acima mostra alguma característica religiosa?
Quem seria este jovem? E o que carrega consigo?
Pelo aspecto da imagem, você seria capaz de dizer onde ela foi encontrada?

Introdução

Na época da arte paleocristã, a filosofia e as artes já haviam sentido o impacto do período helenístico, momento de crise e expansão marcado pelas "novidades" trazidas do Oriente por homens como Alexandre, o Grande, em suas campanhas militares.

Um novo estilo de vida, imperturbável, começava a aparecer no mundo grego com Epicuro, que ressaltava o papel da amizade na busca da felicidade, e com Zenão de Cítio, pai do estoicismo, que propunha uma vida de acordo com a natureza, que para ele estava repleta da presença dos deuses. O estoicismo marcou bastante o cristianismo, uma vez que, para os estoicos, os deuses se manifestavam no mundo material, tal qual a razão (lógos) seminal e o sopro divino. Essas filosofias serviram de base para o cristianismo em seu surgimento e o período é fascinante também porque o pensamento e a arte cristãs se consolidaram em Roma nos primeiros séculos dessa era. Assim, o cristianismo representava uma nova maneira de pensar e agir.

A restrição inicial ao culto cristão caracteriza a produção artística estudada neste volume, em que são revelados todo o simbolismo das catacumbas e o contexto das perseguições religiosas. Esse período de transição e assimilação marca a estética da arte paleocristã, que sempre traz em si tradições artísticas greco-romanas, orientais e médio-orientais, só que agora traduzidas nas figuras dos apóstolos e santos nas igrejas, e cifradas nos símbolos dos mártires e na – hoje tradicional – narrativa bíblica.

Rogério Gimenes de Campos
Historiador, mestre e doutor em Filosofia Antiga pela USP

Arte primitiva cristã

Não se pode compreender a arte medieval sem ter como referência "a nova fé", o cristianismo, que se iniciou na Idade Antiga, mas seu culto somente foi aceito e regido dentro de um novo período designado por Idade Média (476 a 1453). A arte primitiva cristã é uma arte de caráter religioso que apareceu como transição, marcando a passagem da Idade Antiga para a Idade Média.

Novos caminhos da arte

A partir do nascimento de Jesus Cristo, durante o Império Romano e sob o reinado de Augusto, surgiu uma nova religião conhecida como cristianismo. Seus seguidores foram perseguidos até o século IV d.C., pois os romanos os consideravam ateus perante seus deuses.

As invasões bárbaras, a exaustão dos recursos financeiros, as disputas de classes sociais e a corrupção política e administrativa foram as causas que levaram o Império Romano ao declínio.

O povo, impotente diante do colapso social, voltou-se ao misticismo, encontrando conforto na religião cristã. A nova religião pregava a adoração a um deus único e não fazia distinção social; todos eram irmãos em busca da salvação, perante o amor de Cristo.

O cristianismo utilizou-se de figuras e símbolos pagãos, isto é, greco-romanos, dando a eles uma nova conotação. O virtuosismo das pinturas helenísticas da época já não atendia às necessidades de representação de um povo que buscava dentro da espiritualidade uma nova forma de expressão.

Essa filosofia não era bem vista aos olhares dos imperadores romanos, que se sentiam ameaçados, gerando uma violenta oposição do Estado frente ao cristianismo, considerado um inimigo poderoso.

Tal situação viria a mudar a trajetória da arte.

Iluminura de Cristo diante de Pilatos, Evangelhos Rossano, c. 550.

Catacumbas

Quando falam de arte primitiva cristã, também chamada de paleocristã, referem-se às pinturas feitas nas catacumbas.

No silêncio das catacumbas, a fé proibida

As catacumbas, invioláveis pela lei romana, serviam como refúgio para a população cristã perseguida que, ao mesmo tempo em que venerava seus mortos, se reunia para pregar e difundir a nova religião, pela qual eles seriam agraciados com a ressurreição para a vida eterna.

A palavra catacumba, em latim, significa "cavidade"; as catacumbas eram buracos subterrâneos destinados ao sepultamento dos mortos. Elas eram cavadas em rochas esponjosas e tinham cerca de 4 metros de altura por 1 metro de largura. Nas paredes dos corredores eram encontradas cavidades suficientes para receber até três corpos colocados em posição horizontal.

Em determinados espaços, as galerias se ampliavam, formando lugares maiores nos quais os cristãos se reuniam. Somente após o cristianismo tornar-se religião oficial, esses locais passaram a ser usados nas cerimônias fúnebres realizadas pelos bispos. Era na escuridão e no silêncio das catacumbas que os cristãos registravam seus encontros pintando símbolos nas paredes.

Segundo as leis romanas, um cadáver não poderia ser enterrado nem cremado dentro da cidade; geralmente, elegiam um lugar para os sepultamentos próximo às vias que partiam da cidade. Esses lugares eram denominados necrópoles.

A palavra necrópole era utilizada pelos pagãos; já os cristãos preferiam a palavra cemitério – termo inventado por eles, derivado do verbo grego *koimao*, que significa dormir. Ao empregar este termo, percebe-se claramente a fé dos cristãos, pois o cemitério era o lugar do sono de espera para a ressurreição do corpo.

Observe a imagem ao lado e perceba a limitação de espaço existente, a sinuosidade dos estreitos corredores perfurados com nichos já vazios, com seus conteúdos mortuários saqueados, dos quais foram tirados os ladrilhos ou as placas que os fechavam e identificavam. Nesses corredores, o ar era frio – devido à umidade – e abafado, porém existiam algumas aberturas no teto que recebiam luz e ventilação, facilitando a respiração.

Você imaginaria que esses corredores formam uma cidade subterrânea com nada menos que 42 cemitérios? Dentre eles, destaca-se a Catacumba de São Calixto, com 876 km de corredores, ou seja, quase a mesma distância de ida e volta entre São Paulo e Rio de Janeiro.

Galeria onde se pode ver os lóculos, pequenos locais destinados ao sepultamento individual, Catacumba de São Calixto, Roma.

Por que os cristãos de Roma escavaram suas catacumbas?

Os cristãos acreditavam na ressurreição, portanto não queimavam seus mortos; em vez disso, enterravam-nos em covas rasas. Os fiéis com maior poder aquisitivo, os patrícios, preferiam o rito do sepultamento nos grandes terrenos de suas propriedades.

Seguindo os conselhos cristãos de socorrer os pobres, alguns fiéis, por caridade e amor ao próximo, resolveram o problema da falta de sepulturas disponibilizando seus próprios terrenos. Essas catacumbas foram construídas para agregar um maior número de fiéis a fim de que permanecessem juntos, mesmo depois de mortos.

Características das catacumbas

A profundidade das catacumbas era um atributo que oferecia maior segurança contra os atos de vandalismo, de roubo das lápides. Os cristãos se sentiam seguros em relação às catacumbas, que acomodavam um número cada vez maior de fiéis.

Nas paredes das galerias, abriam-se nichos retangulares, também chamados de lóculos, nos quais os corpos eram colocados simplesmente envoltos em lençóis, sem caixões. Após o sepultamento, o nicho era fechado com ladrilho, telha ou placa de mármore, sobre os quais se colocavam as inscrições mortuárias.

Junto à tumba, colocava-se uma pequena lamparina de cerâmica alimentada com azeite e também um pequeno vaso de cristal com perfume – ritual muito semelhante ao dos dias de hoje de levar flores por ocasião do falecimento de entes queridos.

Deve-se notar também que a dimensão dos nichos era bem pequena. Um dos motivos era a dificuldade de se retirar a terra do subsolo – os fosseiros a retiravam carregando-a nos ombros. Outro motivo era a estatura das pessoas da época, que era bem inferior em comparação com os dias de hoje.

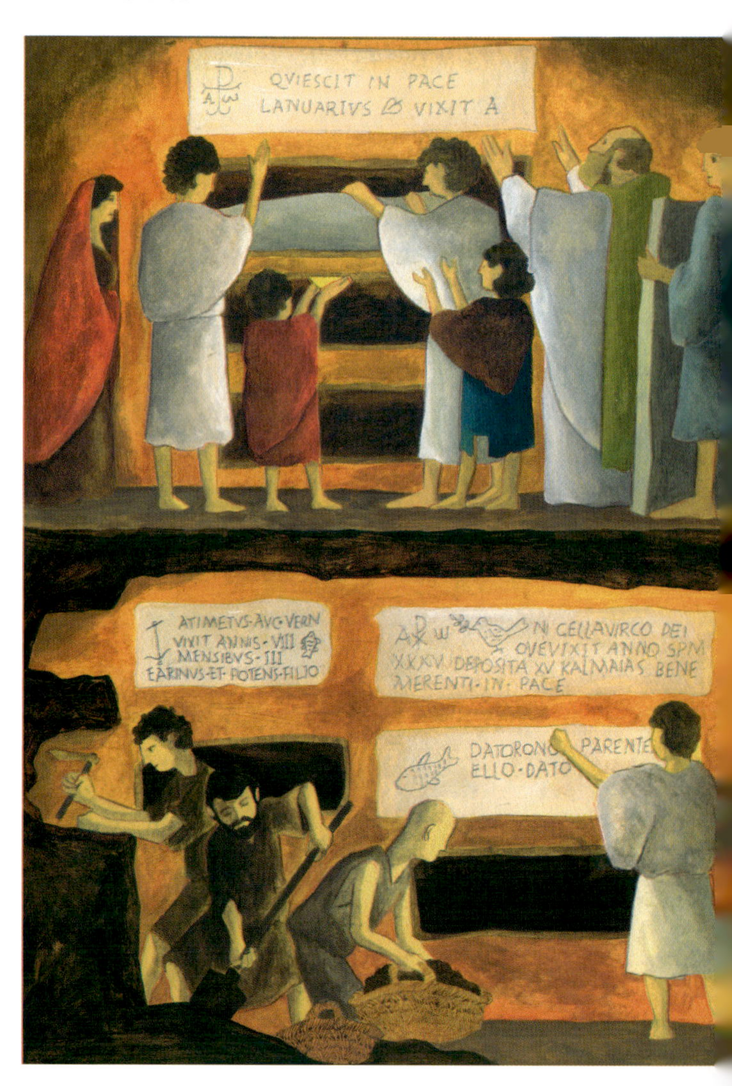

O lugar também favorecia as orações comuns, a liberdade de expressão por meio dos símbolos e qualquer outra manifestação da própria fé. Algumas catacumbas adquiriam aspecto glorioso a partir de ricas decorações, uma vez que não havia limites para a ornamentação da morada do Senhor.

A evolução das catacumbas

Em meados dos séculos II e III, houve um aumento no número de cristãos, e se iniciaram as construções das catacumbas.

A partir do século IV, os cristãos deixaram de ser perseguidos. Por meio do Édito de Milão, em 313 d.C., o imperador Constantino concedeu liberdade de culto aos cristãos – além de converter-se, ele próprio, ao cristianismo. Desde então, as catacumbas começaram a ser definitivamente propriedade da Igreja. Sobre as tumbas dos mais venerados, foram construídas igrejas ou pequenas basílicas. Com o aumento da população cristã, foi necessário modificar e ampliar as catacumbas, escavando-se mais galerias e criando-se mais nichos em proporções colossais.

As catacumbas se tornaram santuários dos mártires e eram visitadas por peregrinos e romeiros com o intuito de rezar por eles. Para facilitar as visitas, foram construídas, junto às estreitas galerias, pequenas igrejas subterrâneas. As celebrações litúrgicas, porém eram feitas nas grandiosas basílicas ao ar livre, edificadas sobre as tumbas.

A palavra latina *ecclesia* deriva do grego *ekklesia*, que quer dizer "reunião" ou "assembleia". É nesse sentido que a palavra "igreja" era usada na época, não para designar um edifício religioso, mas indicando uma reunião de cristãos para o culto divino.

Com a invasão de Roma pelos bárbaros, esses lugares santos foram gravemente prejudicados. Foi somente no século VIII que os papas começaram a transladar as relíquias dos mártires e santos para o interior das cidades – transporte que durou até os primeiros anos do século IX.

Desde o século X até o século XVI, as catacumbas se encontravam definitivamente abandonadas e as ruínas foram cobertas pela vegetação, ocultando suas entradas. As igrejas passaram, então, a ser o local de sepulcro dos mártires e dos reis.

Somente a partir do século XVI, os arqueólogos começaram a descobrir as catacumbas e a explorá-las, buscando verdadeiras minas de notícias que testemunhassem e fornecessem pistas importantes sobre a vida de Cristo.

O maior complexo de catacumbas situa-se debaixo dos campos ao longo da Via Ápia, em Roma. Toda a via é ladeada por ruínas de túmulos familiares e locais de sepultamento coletivo. Há um verdadeiro labirinto subterrâneo de catacumbas, dentre as quais se destacam as de São Calixto, São Sebastião, Domitila e o túmulo de Cecília Metela.

As catacumbas não se limitaram somente a Roma, foram também encontradas em Siracusa, Alexandria, Nápoles e Paris.

As pinturas nas catacumbas

Afresco do busto de Cristo no teto da Catacumba de Commodilla, Roma, século IV.

As pinturas encontradas nas catacumbas eram afrescos de caráter simbólico e metafórico, que adornavam os túmulos, os altares e os oratórios. Sua função não se restringia a embelezar e enaltecer a morada do falecido, também propagavam o cristianismo, mostrando que a morte não era o final, ao contrário, representava a porta de entrada para a vida eterna.

As decorações eram lineares e esquemáticas, muito simples e toscas. Traziam características da arte greco-romana e não eram concebidas pelos artífices da época, mas por homens do povo, adeptos da nova religião.

Vamos conhecer e apreciar algumas dessas pinturas. Abaixo, vemos três homens na fornalha ardente, imagem provavelmente do séc. III, que lembra os afrescos usados em Pompeia. A partir de poucas pinceladas irregulares, a pintura traz uma forma de representação que não se preocupava em exaltar o belo, mas visava mostrar o poder da misericórdia de Deus para com o povo cristão.

A pintura, alusiva a uma passagem da *Bíblia* (Daniel 3), relata a história de três importantes funcionários judeus que se recusaram a adorar uma estátua do rei da Babilônia. Por isso, foram castigados a arder em uma fogueira. Eis que o fogo não consegue atingi-los, pois foram salvos pelo milagre de Deus.

O pintor das catacumbas não se preocupava em apresentar a cena com maior dramaticidade; objetivava mostrar a força do poder espiritual da salvação – as ideias de clareza e simplicidade superavam as de fiel imitação. Ao colocar os três personagens vistos de frente, olhando fixamente para o expectador com as mãos erguidas em súplica, o pintor teria indicado uma mudança nos valores de beleza terrena em relação ao refinamento e harmonia da arte grega. Em vez de agradar, procurava sugerir por meio da forma.

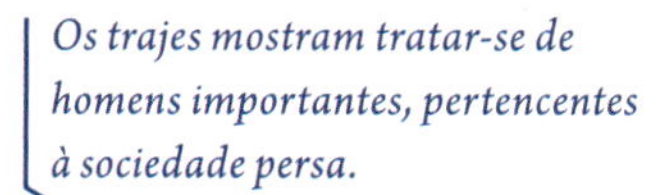

Os trajes mostram tratar-se de homens importantes, pertencentes à sociedade persa.
A pomba é símbolo da ajuda divina.
A posição frontal dos homens, e seus braços abertos e erguidos em direção ao céu, representam oração e súplica.
As chamas não têm poder sobre seus corpos ou suas vestes.

Afresco de Sidrac, Misac e Abdêgano atirados na fornalha por Nabucodonosor. Catacumba de Priscila, Roma, séc. III-IV.

A FUNÇÃO DA ARTE PRIMITIVA CRISTÃ

Seria exagerado considerar as pinturas das catacumbas como sendo obras de arte, uma vez que derivam da arte decorativa, muito usada na maioria das casas romanas.

Houve grande facilidade de adaptação dos motivos tradicionais – flores, frutas, fauna e cupidos – aos temas criados pelos cristãos, inspirados no Antigo e no Novo Testamento.

No início, o cristianismo não alterou as formas do desenho, apenas seu conteúdo. Sua função era essencialmente pedagógica: encarregava-se de mostrar aos analfabetos em que deveriam acreditar.

A mitologia greco-romana teve seu posto tomado pelas lendas cristãs; as narrativas bíblicas retratavam as ideias de ressurreição e salvação pela fé, como nas cenas de Noé, Jonas lançado ao mar e a ressurreição de Lázaro. O Redentor aparece na figura do Bom Pastor; e a Nossa Senhora, na figura da Madona com o Menino.

Outro símbolo muito importante entre os cristãos, encontrado nas catacumbas, é o pão e o peixe, pois relacionavam-se ao milagre da multiplicação e também à figuração da eucaristia. Tal forma de representação, tão esquemática e elementar, fazia com que só os fiéis reconhecessem e entendessem o assunto.

O tema do Bom Pastor foi muito explorado nos desenhos das catacumbas porque refletia a maneira com que Jesus descrevia a si mesmo.

Na imagem ao lado, vemos o Cristo retratado como um jovem de expressão serena e feliz. Sua cabeça, ligeiramente inclinada para o lado, transmite a movimentação da figura em relação à cena. Como vestimenta, traja uma túnica curta, que chega até os joelhos e é ajustada por um cinturão, mostrando o ombro direito desnudo. Leva uma bolsa de couro de uso rural e carrega nos ombros um animal que foi desgarrado de seu rebanho.

A metáfora da cena fica por conta desse animal que, quando carregado, sugere o retorno ao rebanho – torna-se uma alma salva por Ele.

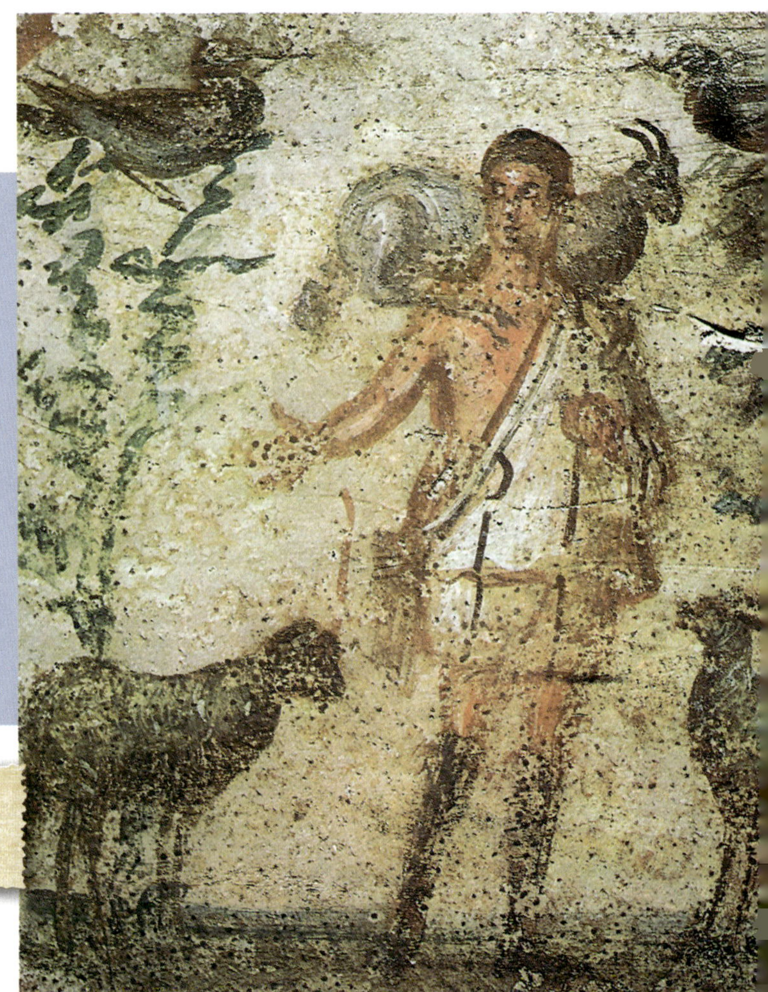

O Bom Pastor, *afresco da Catacumba de Priscila, Roma, Itália.*

Nas pinturas das catacumbas não eram registradas cenas de caráter melancólico. Os cristãos viam na sepultura um caminho para a felicidade, a salvação e o encontro com Cristo. São representações que possuem aspecto alegre e animador – como vemos nas cenas de heroísmo –, ou então puramente ornamental.

Não só os temas bíblicos aparecem nas decorações das catacumbas, também os pagãos convertidos e os mártires foram retratados como forma de homenagem.

Detalhe de uma pintura mural, com flores e frutas, Catacumba de São Sebastião, Roma.

A técnica de pintura era muito semelhante à usada nas casas romanas. Atente para a beleza da representação das frutas, a transparência do vaso e as cores alegres que compõem a cena.

Nesta imagem, bastante significativa, fica evidente pelos detalhes da pintura que a mulher retratada era uma pessoa de posses, que fez questão de ser representada com seu filho – de forma semelhante à Virgem Maria e o Menino Jesus.

A pintura traz a regra da frontalidade, respeitando o efeito de imobilidade, perpetuação e eternidade. Observe o colorido da imagem que, ao contrastar com a transparência do véu, confere destaque às joias.

Pintura mural no Cemitério Maius, século IV, Via Nomentana, Roma.

Simbolismo cristão

Os símbolos cristãos surgem a partir da capacidade extraordinária de unir as imagens visíveis com o mundo invisível, de forma a tornar mais clara a concepção da nova religião. Eles resumem todo um discurso espiritual de forma cifrada, que revela e oculta ao mesmo tempo a presença do personagem sagrado.

A simbologia do cristianismo escondia a figura do Salvador de forma prudente por meio de dois símbolos: o peixe e o monograma de Cristo.

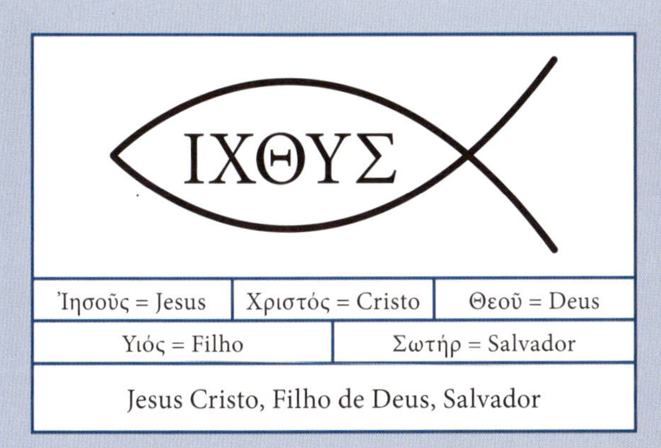

O peixe em grego se chama *IXOYC* (*Ictus*).
Essas letras, colocadas verticalmente, resultam em um acróstico:

I	*Iesus*	JESUS
C	*Christos*	CRISTO
T	*Theou*	de DEUS
U	*Uiós*	FILHO
S	*Soter*	SALVADOR

O peixe, símbolo mais importante e mais antigo do cristianismo, escondia a figura do Salvador de forma prudente para fugir do risco de perseguição. Esse símbolo trazia nas suas letras o significado do nome de Jesus. Era também utilizado como uma forma de comunicação entre os cristãos, que o riscavam no chão com cajados a fim de sinalizar possíveis encontros.

O monograma de Cristo é composto por duas letras do alfabeto grego cruzadas. O X (ch) e o P (r) formam o monograma XP, que é o som das primeiras letras da palavra grega *Christós*, que quer dizer "Cristo".

As duas letras gregas que aparecem ao lado, Alfa e ômega, representam "o primeiro e o último", título de Cristo mencionado no *Livro do Apocalipse*.

Jesus Cristo, Filho de Deus Salvador

O uso do símbolo do peixe para representar o cristianismo data, pelo menos, do ano 312. Somente um século depois, é substituído pela cruz, que representa o autossacrifício de Cristo por amor à humanidade.

A pomba é o símbolo da alma e da paz divina. Pode também representar o Espírito Santo e, quando traz no bico um galho, é o anunciador de um novo dia.

Os símbolos e os afrescos dos cristãos primitivos são como um evangelho em miniatura, uma "bíblia de pedra" e um sumário da fé em Cristo. Alguns desses símbolos permaneceram até os nossos dias, como a pomba, que, além da paz, também representa o Espírito Santo.

Na sociedade contemporânea, encontramos vários símbolos universais, não necessariamente religiosos, que possibilitam leituras rápidas e, ainda assim, carregadas de conteúdo. Um exemplo disso são os símbolos de trânsito.

Os epitáfios encontrados nas catacumbas são os verdadeiros registros para o conhecimento da crença e de seus fiéis. Muitas inscrições foram encontradas em letras romanas, misturadas ao grego, e também escritas com letras invertidas – o que demonstra a ignorância daqueles que executavam o trabalho.

Para facilitar a leitura e a identificação das sepulturas de entes queridos, utilizavam-se pinturas, símbolos ou sinais; muitas vezes representava-se o falecido com desenhos associados à sua profissão ou ao seu nome. Na inscrição abaixo, vemos um símbolo fonético, isto é, um desenho que se associa ao nome do falecido.

Nabira em paz / uma alma bondosa que viveu 16 anos e 5 meses / uma alma doce como o mel / este epitáfio foi feito por seus pais / o sinal: um navio

Nabe é a palavra latina para "navio", que é o símbolo fonético associado ao nome da falecida, Nabira.

Esculturas

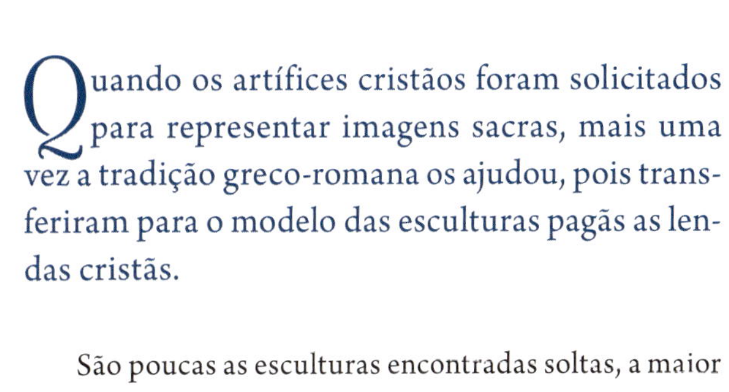

Quando os artífices cristãos foram solicitados para representar imagens sacras, mais uma vez a tradição greco-romana os ajudou, pois transferiram para o modelo das esculturas pagãs as lendas cristãs.

São poucas as esculturas encontradas soltas, a maior parte delas está esculpida em sarcófagos sob a forma de relevo. Por falta de um estilo próprio, o escultor pega emprestado imagens pagãs e as incorpora às cenas bíblicas. Na imagem ao lado, temos a escultura de um jovem pastor vestido à moda romana, que carrega nos ombros uma ovelha fraca que estava desgarrada. A escultura do pastor representa a figura do Cristo, por meio da estética greco-romana.

O Bom Pastor, *século III, Museu Cidade do Vaticano.*

Os relevos narrativos

Os primeiros sarcófagos cristãos apareceram no final do século II. Tratavam-se de esculturas de caráter funerário cuja arte – requintada – era privilégio dos cristãos ricos e cujas imagens apresentavam verdadeiras narrações religiosas.

Comparadas às esculturas romanas, percebemos diferenças notáveis. O que na estatuária romana aparecia com harmonia e proporcionalidade, na cristã apareceu desprovido de proporção e com irregularidades.

Alguns sarcófagos, mais rebuscados, apareceram à medida que os altos funcionários se convertiam ao cristianismo. Neles, não existia nenhuma proporção em relação ao tamanho das figuras, mas, sim, uma organização de cenas, divididas por colunas e andares. Essa arte funerária foi realizada pelos primeiros artistas cristãos, que se apropriaram da tradição grega para a sua execução.

No detalhe da cena central, vemos uma das primeiras representações de Cristo, ainda muito jovem e sem barba, entronizado entre São Pedro e São Paulo – que lembram filósofos gregos. Cristo repousa seus pés sobre a cabeça de Zeus. Esses detalhes nos mostram, mais uma vez, a influência da arte helenística sobre a arte primitiva cristã.

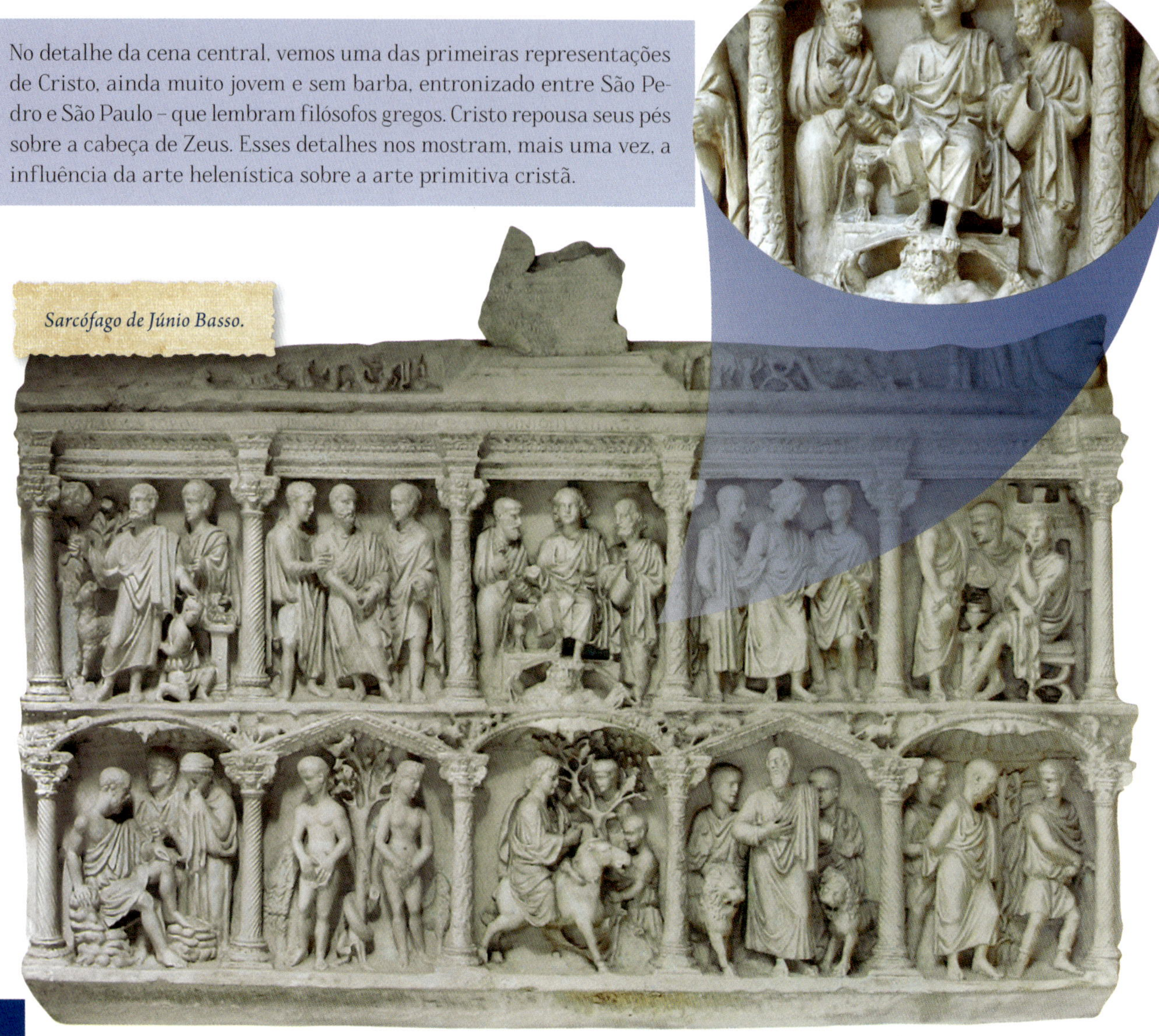

Sarcófago de Júnio Basso.

BASÍLICAS

A basílica cristã era o centro de reuniões de uma grande comunidade religiosa e sua decoração interna propiciava um acolhimento aos fiéis.

As primeiras basílicas paleocristãs

Basílica é o nome dado às igrejas ou templos cristãos, que surgiram a partir de 313 d.C. com o Édito de Milão, ou seja, a liberação do culto cristão. O imperador, com intenções políticas de agregar o povo, promoveu a construção dos primeiros santuários, pois os templos romanos não se destinavam a abrigar os fiéis em seu interior. A nova basílica cristã, portanto, tornou-se o centro de uma nova comunidade religiosa.

A arquitetura das basílicas foi criada a partir da concepção dos edifícios públicos romanos. Porém, os espaços deveriam ser remodelados, pois esses edifícios, que anteriormente eram destinados às assembleias cívicas, aos tribunais ou ao comércio, passariam a ter caráter religioso.

Os edifícios romanos continham amplos salões ladeados por colunas de sustentação, que dividiam os espaços laterais. Além disso, não existia sequer um único ponto de atração.

Já a basílica possuiria uma nova função, que seria a de receber toda a congregação a fim de assistir ao culto religioso ministrado pelo padre. Portanto, a construção deveria ser alongada e apresentar, em sua maioria, três naves separadas por fileiras de colunas.

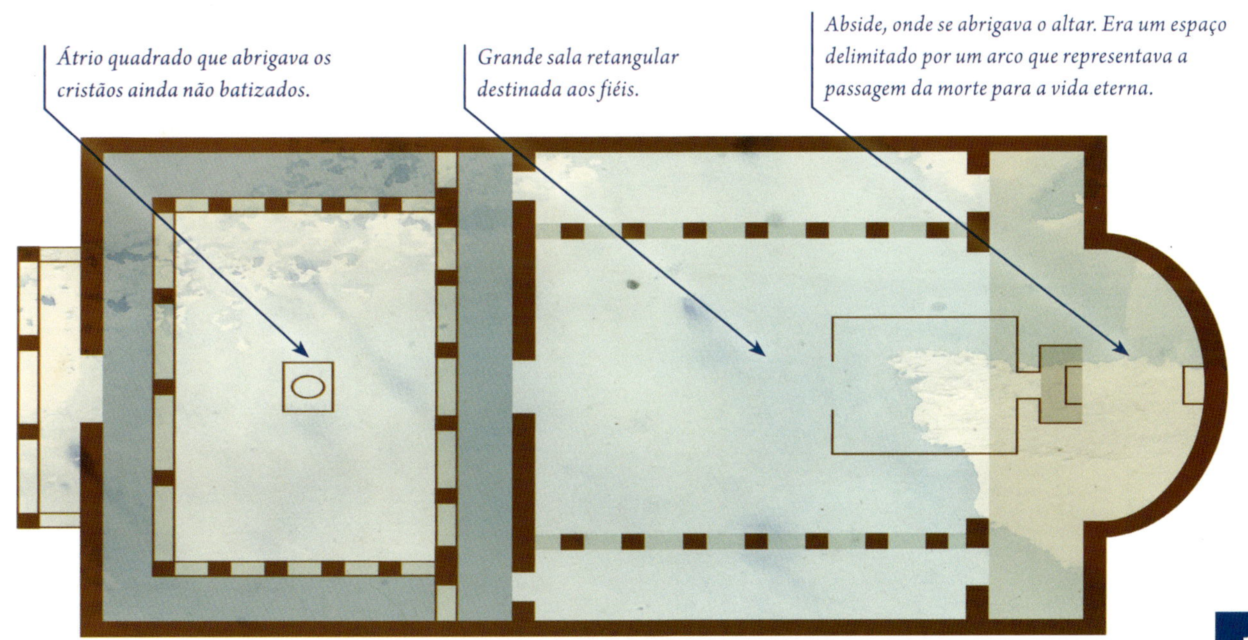

Átrio quadrado que abrigava os cristãos ainda não batizados.
Grande sala retangular destinada aos fiéis.
Abside, onde se abrigava o altar. Era um espaço delimitado por um arco que representava a passagem da morte para a vida eterna.

A nave central se destacava das naves laterais por ter altura e largura maiores, possibilitando abrigar os fiéis. Em seu interior havia bancos para os sacerdotes e, ao fundo, uma cadeira principal para o bispo – a cátedra – que, mais tarde, daria origem à denominação de "catedral" para as igrejas.

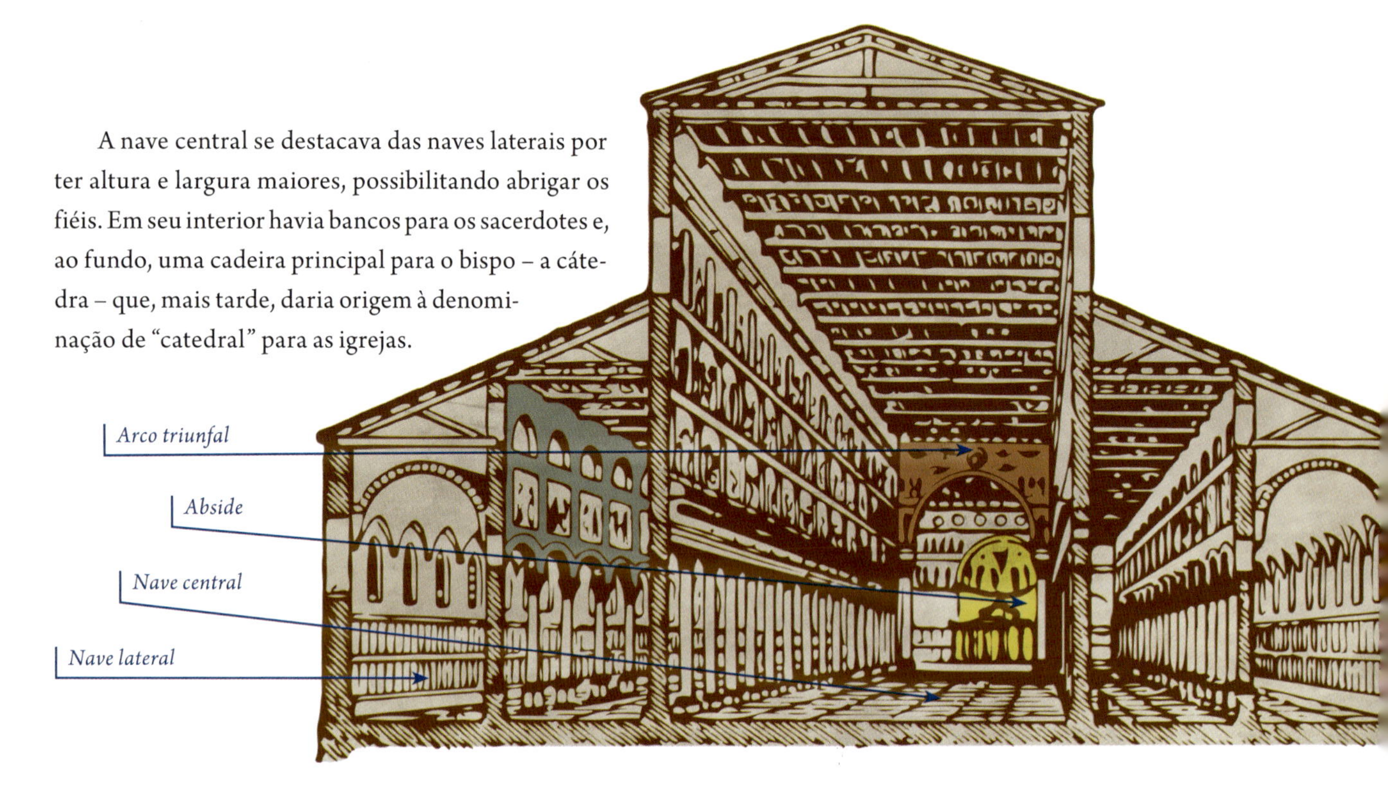

Decoração interna das basílicas

A adaptação dos espaços romanos para templos cristãos acabou gerando dúvidas sobre como decorar as basílicas. A princípio, a decoração externa era extremamente simples. A beleza voltava-se toda para o interior; as imagens de Cristo, de santos e anjos substituíam os deuses pagãos, pouco a pouco, atraindo os fiéis.

Podemos citar como uma das mais antigas basílicas paleocristãs que existem até os dias de hoje a Basílica de São Paulo Fora dos Muros, que tem esse nome por localizar-se a 2 quilômetros da Muralha Aureliana, em Roma. A construção é imponente por sua grandeza, com 131 metros de comprimento, 65 metros de largura e 29 metros de altura.

Dizem que a basílica foi erguida onde o apóstolo Paulo havia sido sepultado. Escavações realizadas em 2006 e exames a partir de fragmentos de ossos confirmaram tratar-se de uma pessoa que viveu entre os séculos I e II – o que aumenta a chance dos restos mortais encontrados debaixo do altar serem realmente do apóstolo Paulo.

Essa antiga basílica paleocristã, erguida em 324 d.C. sob o domínio do imperador Constantino, teve sua reconstrução no século XVIII; hoje, está associada a quase toda a história da Roma cristã.

Poucas são as basílicas da época que sobreviveram sem restauração. Podemos observar, na imagem ao lado, que a planta manteve-se original, com construção alongada e dividida em três naves, separadas por duas fileiras de colunas.

Os mosaicos que decoram o arco da abside datam do século V e a porta de entrada, em bronze, data do século XII. O teto dourado possui formato de caixotes grandes e quadrados. Nas paredes laterais, sobre as colunas, há grandes janelas que recebem luz natural; abaixo delas, a parede é decorada com o rosto de todos os papas desde São Pedro.

Basílica de São Paulo Fora dos Muros, Roma.

PERFECIT ONORIVS AVLAM
DOCTORIS MVNDI SACRATAM CORPORE PAVLI
PLACIDIAE PIA MENS OPERIS DECVS HOMNE PATERNI
GAVDET PONTIFICIS STVDIO SPLENDERE LEONIS

RECENTES DESCOBERTAS ARQUEOLÓGICAS

Em uma expedição pelos subterrâneos de Roma, os arqueólogos encontraram pinturas antigas que revelaram ser as primeiras imagens dos apóstolos de Jesus.

As pinturas mais antigas dos apóstolos de Jesus

O diretor de arqueologia das catacumbas de Roma – o professor Fabrizio Bisconti –, juntamente com uma equipe de arqueólogos e restauradores, descobriu o que acredita serem as pinturas mais antigas que mostram rostos de alguns dos apóstolos de Jesus. Elas teriam sido pintadas entre o fim do século IV e o início do século V.

As imagens já eram conhecidas, mas só foram divulgadas em 2010, após uma restauração que durou dois anos. A descoberta ocorreu em um dos ramais das catacumbas de Santa Tecla, perto da Basílica de São Pedro, fora das muralhas da Roma Antiga.

As camadas de argila que cobriam as imagens garantiram a conservação desses afrescos. Segundo os restauradores, outro fator que manteve a alta qualidade das imagens foi o uso de instrumentos de raio laser que auxiliaram na retirada dessa argila. O resultado foi espantoso, as cores se destacaram mostrando toda a nitidez do desenho e a clareza dos rostos dos apóstolos São Pedro, São Paulo, São João e Santo André.

Tudo indica que essas imagens fazem parte da iconografia que artistas posteriores usaram como referência.

Foi extraordinário o ressurgimento da brancura dos cabelos e da barba de São Pedro, devido à restauração.

A figura de Paulo aparece com o rosto magro e comprido; barba escura, fina e pontuda; cabeça calva e olhos grandes.

Afrescos dos séculos IV e V, Catacumba de Santa Tecla, Roma.

SAINT-DENIS, UMA LENDA CRISTÃ

Algo a mais

Saint-Denis foi considerado o primeiro bispo de Paris, tendo convertido centenas de fiéis e provocado a ira e a perseguição dos romanos.

Foi decapitado no ano de 258 d.C. no bairro de Montmartre, em Paris, e seu corpo foi atirado no rio Sena. Logo após, seus devotos recuperaram o seu corpo e o enterraram. Conta a lenda, no entanto, que, depois de decapitado, ele ainda teria caminhado alguns passos segurando sua própria cabeça.

Por volta de 630 d.C., Dagoberto I, o rei dos francos, edificou um santuário sobre o sepulcro, como forma de homenagear o bispo. O santuário se tornou uma basílica e, hoje, é uma importante catedral.

Atualmente, Saint-Denis é conhecido como o padroeiro da França e de Paris. No passado, curiosamente, costumava ser invocado contra as dores de cabeça, a ira e a possessão demoníaca.

A Catedral de Saint-Denis não é item frequente no roteiro dos turistas, pois se localiza no subúrbio de Paris. Apesar do fácil acesso pelo metrô, muitas pessoas deixam de visitá-la por desconhecerem sua importância.

Painel decorativo na cripta da Catedral de Saint-Denis.

O local abriga grande número de sepulturas reais, como a de Luís XVI e a de Maria Antonieta, e se trata de uma coleção muito importante na Europa. Lá é possível apreciar a evolução da arte funerária, das efígies (estátuas funerárias que representam um personagem deitado) do século XII – esculpidas com os olhos abertos – às grandes composições do Renascimento, que associavam a morte à esperança da ressurreição.

Um atraente recurso tecnológico possibilita observarmos na cripta da catedral, projetada dentro de uma cova, a imagem de Saint-Denis segurando a própria cabeça.

Bibliografia

Pesquisas em sites:

As catacumbas de Roma. Disponível em: <http://www.youtube.com/watch?v=OWySEKOj_tI> e <http://www.youtube.com/watch?v=kwB_gSf4zto>. Acesso em: 15/06/2013.

A&E Television Networks. "Who built the catacombs?". Disponível em: <http://www.youtube.com/watch?v=5KYAFFjuhWQ>. Acesso em: 15/06/2013.

Reuters. "Arqueólogos acham pinturas mais antigas dos apóstolos de Jesus". Disponível em: <http://ultimosegundo.ig.com.br/ciencia/arqueologos-acham-pinturas-mais-antigas-dos-apostolos-de-jesus/n1237675111539.html>. Acesso em: 15/06/2013.

Bibliografia

ABRIL CULTURAL. *Arte nos séculos – volume II*. São Paulo: Editora Victor Civita, 1969.

BARGALLÓ, Eva. *Atlas básico da História da Arte*. São Paulo: Escala Educacional, 2008.

BARUFFA, Antonio. *Las Catacumbas de San Calixto, Historia-Arqueologia-Fé*. Traducción de Basilio Bustillo y Alejandro Recio. Ciudad Del Vaticano: Editorial LEV, 1993.

BOZAL, Valeriano. *Historia Geral da Arte – escultura II*. Madrid: Ediciones Del Prado, 1995.

BRANDENBURG, Erlande Alai. *La Cathédrale Saint-Denis*. França: Éditions Ouest-France - Édilarge S.A., 2007.

DUBY, Georges. *História artística da Europa (tomo I)*. São Paulo: Paz e Terra, 2002.

ECO, Umberto. *Arte e beleza na estética medieval*. Rio de Janeiro: Record, 2010.

GIBSON, Clare. *Como compreender símbolos: guia rápido sobre simbologia nas artes*. São Paulo: Senac, 2012.

GOMBRICH, E. H. *A História da Arte*. Rio de Janeiro: Guanabara Koogan S.A., 1993.

HAUSEN, Arnoud. *História Social da Literatura e da Arte*. São Paulo: Mestre Jou, 1972.

LASSUS, Jean. *Cristandade clássica e bizantina*. São Paulo: Enciclopédia Britânica do Brasil Publicações LTDA, 1979.

LOPERA, Alvarez Jose; ANDRADE, P. Manuel Jose. *Historia Geral da Arte – pintura I*. Espanha: Ediciones Del Prado, 1995.

PRETTE, Maria Carla. *Para aprender a Arte*. São Paulo: Globo, 2009

SCOTT, Benjamin. *As catacumbas de Roma*. Rio de Janeiro: CPAD, 2012.